PARA VINHO NOVO, ODRES NOVOS

CONGREGAÇÃO PARA OS INSTITUTOS DE VIDA CONSAGRADA E AS SOCIEDADES DE VIDA APOSTÓLICA

PARA VINHO NOVO, ODRES NOVOS

A VIDA CONSAGRADA DESDE O CONCÍLIO VATICANO II
E OS DESAFIOS AINDA EM ABERTO

ORIENTAÇÕES

Paulinas

© 2017 - Libreria Editrice Vaticana

Título original: Per vino nuevo otri nuovi: Dal Concilio Vaticano II la vita consacrata e le sfide ancora aperte

Direção-geral: *Bernadete Boff*
Editora responsável: *Maria Goretti de Oliveira*
Tradução: *Maria do Rosário de Castro Pernas*

1ª edição – 2017
2ª reimpressão – 2018

Nenhuma parte desta obra poderá ser reproduzida ou transmitida por qualquer forma e/ou quaisquer meios (eletrônico ou mecânico, incluindo fotocópia e gravação) ou arquivada em qualquer sistema ou banco de dados sem permissão escrita da Editora. Direitos reservados.

Paulinas
Rua Dona Inácia Uchoa, 62
04110-020 – São Paulo – SP (Brasil)
Tel.: (11) 2125-3500
http://www.paulinas.com.br – editora@paulinas.com.br
Telemarketing e SAC: 0800-7010081

© Pia Sociedade Filhas de São Paulo – São Paulo, 2017

*Ninguém deita vinho novo em odres velhos;
se o fizer, o vinho romperá os odres
e perde-se o vinho, tal como os odres.
Mas vinho novo, em odres novos!* (Mc 2,22).

INTRODUÇÃO

De 27 a 30 de novembro de 2014, a Congregação para os Institutos de Vida Consagrada e as Sociedades de Vida Apostólica celebrou a Assembleia Plenária do dicastério sobre o tema: "Vinho novo em odres novos. A vida consagrada cinquenta anos depois da *Lumen gentium* e da *Perfectae caritatis*", que se centrou no caminho percorrido pela vida consagrada no pós-Concílio, tentando ler, em síntese, os desafios ainda em aberto.

Estas *Orientações* são fruto de tudo o que emergiu dessa Assembleia Plenária e da reflexão subsequente, também elaborada na sequência dos numerosos encontros que, ao longo do Ano da Vida Consagrada, assistiram à convergência, em Roma, junto da Cátedra de Pedro, de consagrados e consagradas provenientes de todas as partes do mundo.

A partir do Concílio Vaticano II, o Magistério da Igreja tem acompanhado continuamente a vida das pessoas consagradas. Este dicastério ofereceu, em particular, as grandes coordenadas de referência e de valor: as instruções *Orientações sobre a formação nos institutos religiosos* (1990), *A vida fraterna em comunidade* (1994), *Repartir de Cristo* (2002), *O serviço da autoridade e a obediência – Faciem tuam* (2008), e *Identidade e missão do irmão religioso na Igreja* (2015).

As presentes *Orientações* situam-se na linha de "um exercício de *discernimento evangélico*, no qual se tenta reconhecer – à luz do Espírito – "um 'apelo' que Deus faz ressoar na própria situação histórica: também nele e através dele Deus chama"[1] "os consagrados e as consagradas do nosso tempo, porque todos nós somos convidados a aceitar esta chamada: sair da própria comodidade e ter a coragem de alcançar todas as periferias que necessitam da luz do Evangelho".[2]

Exercício de discernimento eclesial mediante o qual os consagrados e as consagradas são chamados a empreender novas passagens para que os ideais e a doutrina encarnem na vida: sistemas, estruturas, diaconias, estilos, relações e linguagens. O Papa Francisco sublinha a necessidade de dita aferição: "A realidade é mais importante do que a ideia. [...] A realidade simplesmente é, a ideia elabora-se. Entre as duas, deve estabelecer-se um diálogo permanente, evitando que a ideia acabe por se separar da realidade. É perigoso viver apenas no reino da palavra, da imagem, do sofisma".[3]

Pode acontecer que a vida consagrada, embora inserida no vasto e rico processo de *accomodata renovatio* levado a cabo no pós-Concílio, se encontre perante desafios ainda

---

[1] FRANCISCO, Exortação Apostólica *Evangelii gaudium* (24 de novembro de 2013), n. 154.
[2] Ibidem, n. 20.
[3] Ibidem, n. 231.

em aberto, que devem ser enfrentados "com determinação e clarividência".[4]

Na perspectiva de um exercício de discernimento, estas *Orientações* pretendem ler práticas inadequadas, indicar processos bloqueados, fazer perguntas concretas, pedir razões das estruturas de relação, de governo e de formação sobre o apoio real dado à forma de vida evangélica das pessoas consagradas.

Orientações destinadas a testar com *parrésia* os odres adequados para guardar *os vinhos novos* que o Espírito continua a dar à sua Igreja, exortando a levar a cabo mudanças, mediante ações concretas a breve e longo prazos.

---

[4] Ibidem, n. 58.

I

A VINHO NOVO, ODRES NOVOS

O *logion* de Jesus

1. Uma palavra do Senhor Jesus pode iluminar o caminho da vida consagrada diante dos desafios do nosso tempo e no espírito da renovação desejada pelo Concílio Vaticano II: *vinho novo* em *odres novos* (Mc 2,22). Esta frase sapiencial do Senhor é confirmada em todos os Sinóticos, que a inserem no contexto da fase inicial da atividade pública de Jesus. O evangelista Marcos coloca-a precisamente no âmago das primeiras críticas provocatórias dos fariseus de Cafarnaum, diante da liberdade e da autonomia da ação de Jesus (Mc 2,18-22). Mateus retoma, um pouco mais adiante, este *logion*, como que para selar a carga profética da centralidade da misericórdia nas suas palavras e nos seus gestos (Mt 9,14-17). Lucas é ainda mais preciso na contextualização de tal provocação, sublinhando a impossibilidade de dialogar com as velhas mentalidades (Lc 5,33-39). Este evangelista afirma que o pedaço de tecido é arrancado por uma *veste nova* já terminada (para Mateus, pelo contrário, é pano *em bruto* [ou *simplesmente pano*] que se cose sobre o *velho*. Esta operação desajeitada provoca um duplo estrago (cf. Lc 5,36), sendo acrescentada ainda outra frase reveladora: "Ninguém, depois de ter bebido o velho, quer do novo, pois diz: 'O velho é que é bom!'" (Lc 5,39).

Para os três evangelistas sinóticos, é importante sublinhar a novidade do estilo com que o Senhor Jesus, revelando ao mundo o rosto misericordioso do Pai, se coloca a uma distância crítica em relação à simples manutenção dos esquemas religiosos habituais. Perdoar os pecados e acolher cada pessoa no seu mistério de sofrimento, e até de erro, constitui uma novidade radical. Essa novidade desestabiliza quantos estão habituados à simples repetição de um esquema em que tudo já está previsto e enquadrado. Semelhante atitude não só cria embaraço, mas torna-se, desde o princípio, motivo de rejeição. O estilo com que Jesus anuncia o Reino de Deus funda-se na lei da liberdade (cf. Tg 2,12), que permite um modo novo de entrar em relação com as pessoas e com as situações concretas. Esse estilo tem toda a cor e o sabor de um *vinho novo*, que, no entanto, corre o risco de rebentar os *odres velhos*. A imagem revela claramente a necessidade de que as formas institucionais, religiosas e simbólicas vão ganhando continuamente elasticidade. Sem a elasticidade necessária, nenhuma forma institucional, por muito venerada que seja, é capaz de suportar as tensões da vida ou de responder aos apelos da história.

2. A comparação usada pelo Senhor Jesus é tão simples como exigente. O odre a que se refere a pequena parábola é um recipiente de pele flexível, que ainda é capaz de se dilatar para favorecer a respiração do vinho novo em contínua ebulição. Pelo contrário, se o odre fosse seco e rígido, devido ao desgaste do tempo, já não teria a elasticidade necessária para suportar a forte pressão do vinho novo. Assim, haveria de rebentar, provocando a perda do vinho e do odre. O evangelista João usará a mesma metáfora do *vinho bom* (Jo 2,10), servido nas bodas de Caná, para indicar a novidade profética do anúncio jubiloso e frisante do Evangelho. O *vinho bom* e o *vinho novo* tornam-se, assim, símbolo da atuação e do ensinamento de Jesus, que não pode ser contido nos odres velhos de esquemas religiosos secularizados, incapazes de se abrir a novas promessas. Quando o evangelista Lucas fala do vinho velho que é *agradável* (*chrestos*) refere-se certamente ao apego dos fariseus e dos chefes do povo às formas estandardizadas e rígidas do passado. Mas talvez não seja tudo. Os próprios cristãos da segunda geração têm de se confrontar com a tendência de não se abrirem completamente à novidade do Evangelho. O risco de ceder à tentação de regressar ao velho estilo de um mundo fechado nas suas próprias certezas e hábitos está sempre à espreita. Desde o princípio, já está presente, na história da Igreja, a tentação de um ajustamento tático para evitar os desafios contínuos da conversão do coração.

A palavra do Senhor Jesus ajuda-nos a apreender o desafio de uma novidade que exige não só acolhimento, mas também discernimento. É necessário criar estruturas verdadeiramente adequadas para guardar a riqueza inovadora do Evangelho, a fim de que esta seja vivida e posta a serviço de todos, preservando a sua qualidade e bondade. Deve deixar-se fermentar o vinho novo, como que a respirar dentro do odre, para que possa amadurecer devidamente e, depois, ser saboreado e partilhado. O mesmo se aplica à imagem da peça de roupa e do remendo: não se pode arrancar um pedaço de tecido de uma veste nova para remendar uma veste já gasta. Fazendo-o, criar-se-ia uma tensão que esfiaparia o pano velho, de tal modo que o novo remendo, na realidade, não serviria para nada.

3. A mensagem do Evangelho não se pode reduzir a uma coisa puramente sociológica. Trata-se, pelo contrário, de uma orientação espiritual que se mantém sempre nova. Isso requer a abertura mental para imaginar modalidades de seguimento, proféticas e carismáticas, vividas em esquemas adequados, e talvez inéditos. Uma longa série de diaconias inovadoras vividas fora dos esquemas já testados no passado também devem, necessariamente, encontrar aceitação em novas estruturas institucionais. Estas estruturas devem estar realmente à altura das expectativas e dos desafios. Uma renovação incapaz de tocar e de mudar as próprias estruturas, além do coração, não conduz a uma mudança real e duradoura. Devemos ter sempre presente que uma simples imposição, por muito generosa que seja, pode levar à rejeição. A rejeição implica a perda daquela efervescência de novidade imprescindível, que pede para ser não só reconhecida, mas vivida até o fundo, e não simplesmente suportada ou sofrida.

Se aplicarmos esse critério evangélico a tudo o que foi vivido, no seio da Igreja, no momento de graça do Concílio Vaticano II, podemos verdadeiramente falar de *vinho novo*. Sob a orientação do Espírito Santo, a Igreja, como vinha do Senhor, foi capaz de viver uma renovada vindima espiritual com o contributo e a generosidade de todos. Todos nós nos podemos regozijar perante experiências vivas de renovação que se têm expressado em novos itinerários catequéticos, em modelos renovados de santidade e de vida fraterna, em estruturas renovadas de governo, em correntes teológicas inéditas, em formas impensadas de solidariedade e diaconia etc. Uma verdadeira vindima que, com sentimentos de gratidão, podemos reconhecer abundante e jubilosa. Não obstante, todos esses sinais de renovação e formas de novidade convivem – e isso é também normal – com velhos hábitos sacralizados e esclerosados. Trata-se de hábitos que, com a sua rigidez e incapacidade, resistem a adaptar-se a essa renovação em contínuo devir. Essa convivência de estilos pode suscitar conflitos, por vezes, duros. E dos conflitos brotam acusações recíprocas de não se ser do *vinho delicioso* (cf. Ct 7,10), mas de se ter azedado, tornando-se *vinagre* (cf. Sl 75,9). Há até quem julgue os outros como *uvas azedas* (cf. Is 5,2), por não serem suficientemente fiéis ao que foi estabelecido e comprovado desde sempre. Diante de tudo isto, não nos devemos impressionar e ainda menos desanimar. Não se podem implementar estruturas adequadas para uma renovação real, sem contar com longos períodos de elaboração e inevitáveis incidentes de percurso. As mutações autênticas e duradouras nunca são automáticas.

Normalmente, devemos confrontar-nos com uma longa série de resistências e até com algum recuo. Devemos reconhecer que essas resistências nem sempre são malévolas, ou feitas de má-fé. Passados mais de cinquenta anos do termo do Concílio Vaticano II, devemos reconhecer que nos deixarmos inquietar e desestabilizar pelas vivificantes incitações do Espírito nunca é indolor. Isso também se aplica, sem dúvida, à vida consagrada e às suas etapas mais ou menos fecundas em termos de resposta aos sinais dos tempos e às inspirações do Espírito Santo.

A *renovação* pós-conciliar

4. Para olhar em frente e continuar a caminhar segundo o espírito de renovação desejado pelo Concílio, um pouco de história poderá iluminar e confirmar o caminho de todos. A consciência daquilo que vivemos neste meio século torna-se ainda mais necessária, se quisermos acolher os estímulos provenientes das palavras e dos gestos do Papa Francisco.

A *accomodata renovatio* da vida e da disciplina dos Institutos de Vida Consagrada, "segundo as necessidades de hoje",[5] foi um pedido explícito do Concílio Ecumênico Vaticano II. Os padres conciliares tinham colocado as bases teológicas e eclesiológicas para essa *renovação*, em particular no capítulo VI da Constituição Dogmática *Lumen gentium*.[6] No Decreto *Perfectae caritatis* tinham oferecido diretivas mais apropriadas e orientações práticas para o *aggiornamento* espiritual, eclesial, carismático e institucional da vida consagrada na Igreja. Entre os outros textos conciliares, só na Constituição *Sacrosanctum concilium* e no Decreto *Ad gentes* se indicavam algumas consequências práticas de uma certa importância para a vida religiosa.

Passado meio século, podemos reconhecer, com satisfação, que o efeito sobre a vida consagrada derivado da *mens* conciliar foi particularmente rico. O estilo de discernimento harmonioso e de atenção explorativa gerou

---

[5] CONCÍLIO ECUMÊNICO VATICANO II, Decreto *Perfectae caritatis* (sobre a renovação da vida religiosa), n. 1.

[6] Cf. idem, Constituição Dogmática *Lumen gentium*, nn. 43-47.

impulsos e métodos de grande eficácia no *aggiornamento*. O primeiro passo desta profunda mudança disse respeito ao próprio modo como a vida consagrada teve de voltar a entender a si própria. Na fase pré-conciliar, a vida religiosa, em todas as suas manifestações e estruturas, representava a força compacta e operante para a vida e a missão de uma Igreja militante, que via a si própria em constante oposição relativamente ao mundo. Na nova fase de abertura e diálogo com o mundo, a vida consagrada sentiu-se impelida para a primeira linha da exploração das coordenadas de uma nova relação Igreja-mundo, para bem de todo o corpo eclesial. É este um dos temas inspiradores e transformadores mais fortes desejados pelo Concílio Vaticano II convocado por São João XXIII. Nessa linha de diálogo e de acolhimento, a vida consagrada tem – normalmente, embora nem sempre – abraçado com generosidade os riscos dessa nova aventura de abertura, escuta e serviço. Para que se pudesse realmente concretizar um estilo de relação com o mundo contemporâneo e de presença no mesmo marcado pela confiança, a vida consagrada implementou os seus múltiplos carismas e o seu patrimônio espiritual, expondo-se e abraçando generosamente novos percursos.

5. Nestes cinquenta anos que nos separam do evento conciliar, podemos reconhecer que todos os Institutos de Vida Consagrada empenharam as suas melhores forças para responder às solicitações do Vaticano II. Sobretudo nas três primeiras décadas posteriores ao Concílio, o esforço de renovação foi generoso e criativo, continuando também nas décadas seguintes, embora com um ritmo mais lento e um dinamismo algo frouxo. Foram reelaborados os textos normativos e as formas institucionais, primeiro como resposta aos estímulos provenientes do Concílio, depois, para se conformarem com as disposições do novo *Código de Direito Canônico* (1983). Um grande esforço foi realizado por cada família religiosa na releitura e na interpretação da "inspiração primitiva dos institutos".[7] Esse trabalho tinha principalmente dois objetivos: preservar fielmente "o pensamento e os projetos dos fundadores"[8] e "repropor com coragem o caráter empreendedor, a criatividade e a santidade dos fundadores e das fundadoras, como resposta aos sinais dos tempos emergentes no mundo de hoje".[9]

Os resultados do grande esforço de reelaboração da identidade, do estilo de vida e da respectiva missão eclesial também foram acompanhados por corajosas e pacientes buscas de novos itinerários de formação, apropriados à índole e ao carisma de cada família religiosa. No âmbito das estruturas de governo e de gestão do patrimônio econômico e das atividades, também muito tem sido adequado "às hodiernas condições físicas e psíquicas dos membros... às necessidades do apostolado, às exigências da cultura e às circunstâncias sociais e econômicas".[10]

6. Após esta breve análise histórica dos últimos cinquenta anos, podemos reconhecer, com humildade, que a

---

[7] Idem, Decreto *Perfectae caritatis*, n. 2.
[8] *Código de Direito Canônico* [CDC], cân. 578.
[9] JOÃO PAULO II, Exortação apostólica *Vida consagrada* (25 de março de 1996), n. 37.
[10] CONCÍLIO ECUMÊNICO VATICANO II, Decreto *Perfectae caritatis*, n. 3.

vida consagrada se tem exercitado a habitar os horizontes conciliares com paixão e audácia explorativa. Não podemos deixar de dar graças a Deus, e uns aos outros, com sinceridade e verdade, por todo o caminho percorrido.

Neste generoso e laborioso caminho, um grande apoio nos foi dado pelo Magistério supremo dos papas destas décadas. Com textos e intervenções de natureza diversa, os pontífices têm ajudado regularmente a consolidar as novas convicções, a discernir os novos percursos, a orientar com sabedoria e sentido eclesial as novas escolhas de presença e de serviço na escuta constante dos apelos do Espírito. A Exortação Apostólica pós-sinodal *Vida consagrada* (1996) deve ser considerada de excepcional valor teológico, eclesial e orientador, pois nela são reconhecidos e confirmados os melhores frutos do *aggiornamento* pós-conciliar.

Com a *Vida consagrada* é sobretudo iluminada a contemplação e a referência fontal ao mistério da Santíssima Trindade: "A vida consagrada é anúncio daquilo que o Pai, por meio do Filho, no Espírito, realiza com o seu amor, a sua bondade e a sua beleza. Com efeito, 'o estado religioso [...] manifesta a elevação do Reino de Deus acima de todas as coisas terrenas e as suas exigências supremas; demonstra também a todos os homens a preeminente grandeza da virtude de Cristo reinante e o poder infinito do Espírito Santo, admiravelmente atuante na Igreja'. [...] Assim, a vida consagrada transforma-se numa das marcas concretas que a Trindade deixa na história, para que os homens se possam aperceber do fascínio e da nostalgia da beleza divina".[11] A vida consagrada torna-se *confessio trinitatis* inclusive no seu confronto com o desafio da vida fraterna, "em virtude da qual as pessoas consagradas se esforçam por viver em Cristo, com *um só coração e uma só alma* (At 4,32)".[12] Nessa perspectiva trinitária, emerge o grande desafio da unidade e a necessidade do ecumenismo orante, testemunhal, martirial, como via mestra para os consagrados e as consagradas: "A oração dirigida por Cristo ao Pai antes da paixão, para que os seus discípulos permaneçam na unidade (cf. Jo 17,21-23), continua na oração e na ação da Igreja. Como poderiam não se sentir envolvidos nela os que são chamados à vida consagrada?".[13]

A laboriosa e sábia condução desta Congregação também tem oferecido, de formas diversas – instruções, cartas, diretivas – e com uma vigilância periódica, critérios de orientação para perseverarmos com autenticidade no *aggiornamento* conciliar e para permanecermos fiéis, com discernimento harmonioso e audácia profética, à identidade e à função eclesial da vida consagrada.

Isso, porém, não significa negar fragilidades e esforços que devem ser reconhecidos e nomeados para que o caminho empreendido não só possa continuar, mas também se possa radicalizar ainda mais em termos de fidelidade e criatividade. Assim, também é necessário olhar de frente,

---

[11] JOÃO PAULO II, Exortação Apostólica *Vida consagrada*, n. 20.
[12] Ibidem, n. 21.
[13] Ibidem, n. 100.

com realismo, as novas situações em que a vida consagrada é chamada a avaliar-se e a encarnar.

Os novos caminhos interpelam

7. A rica multiplicidade das diaconias exercidas pela vida consagrada nas últimas décadas sofreu um redimensionamento radical devido à evolução social, econômica, política, científica e tecnológica. O mesmo sucedeu à intervenção estatal, em muitos setores historicamente típicos das obras dos religiosos. Tudo isso alterou o modo de relacionamento dos religiosos com o contexto em que vivem e com o seu modo habitual de se situarem em relação aos outros. Entretanto, novas e inéditas emergências fizeram explodir outras exigências, que continuam sem resposta, e que interpelam a fidelidade criativa da vida consagrada sob todas as suas formas.

As novas pobrezas interpelam a consciência de muitos consagrados e solicitam aos carismas históricos novas formas de resposta generosa perante as novas situações e os novos descartes da história. Daí o florescimento das novas formas de presença e de serviço nas múltiplas periferias existenciais. Tampouco se deve esquecer a proliferação de iniciativas de voluntariado em que estão envolvidos leigos e religiosos, homens e mulheres, numa sinergia rica de "novos dinamismos apostólicos",[14] de modo a "tornar mais eficaz a resposta aos grandes desafios do nosso tempo, graças

---

[14] Ibidem, n. 55.

ao concurso harmonioso dos vários dons".[15] Semelhante sinfonia baseia-se na redescoberta da raiz batismal comum que reúne todos os discípulos de Cristo, chamados a juntar as suas forças e imaginação para tornar este mundo mais belo e habitável para todos.

Muitas congregações, sobretudo femininas, começaram a colocar em primeiro plano as fundações nas Igrejas jovens, e passaram de situações quase unicamente *monoculturais* ao desafio da *multiculturalidade*. Nesse contexto, foram constituídas comunidades internacionais que, para alguns Institutos, têm representado a primeira experiência corajosa de saída das próprias fronteiras geográficas e culturais. Foram iniciadas experiências de diaconia e de presença em contextos desconhecidos ou multirreligiosos; novas comunidades foram-se inserindo em ambientes difíceis, muitas vezes com risco de várias formas de violência. Tais experiências implicaram grandes mudanças no interior das famílias religiosas, quer como *ethos* cultural a partilhar quer como modelos de Igreja e estilos de espiritualidade inovadores. Esse êxodo pôs naturalmente em crise os esquemas de formação tradicionais, inadequados para as novas vocações e para os novos contextos. Tudo isso é, certamente, uma grande riqueza, mas também é fonte de diversas tensões que, por vezes, chegaram até a ruptura, sobretudo nas congregações com menos experiência missionária.

8. A evolução contemporânea da sociedade e das culturas, entrada numa fase de rápidas e extensas mudanças

---

[15] Ibidem, n. 54.

imprevistas e caóticas, também expôs a vida consagrada a contínuas necessidades de ajustamento. Isso implica e requer constantemente novas respostas, associadas à crise de projetualidade histórica e de perfil carismático. O sinal dessa crise é um cansaço evidente. Devemos reconhecer que em alguns casos se trata, precisamente, de incapacidade de passar de uma administração comum (*management*) a uma orientação que esteja à altura da nova realidade em que é necessário arriscar com sabedoria. Não é tarefa fácil dar o salto de uma simples gestão de realidades bem conhecidas à condução rumo a metas e ideais com uma convicção capaz de gerar uma verdadeira confiança. Isso implica não nos contentarmos com a elaboração de estratégias de mera sobrevivência, requerendo, antes, a liberdade necessária para implementar processos, como continua a recordar o Papa Francisco. Acima de tudo, torna-se cada vez mais necessário um ministério de condução capaz de apelar a uma verdadeira sinodalidade, alimentando um dinamismo de sinergia. Só nessa comunhão de intenções será possível gerir a transição com paciência, sabedoria e presciência.

Alguns problemas, com o tempo, foram-se tornando cada vez mais complexos e paralisantes para a vida consagrada e suas instituições. A situação de mudança acelerada corre o risco de complicar a vida consagrada, obrigando-a a viver de emergências e não de horizontes. Por vezes, parece que a vida consagrada está quase completamente debruçada sobre a gestão do dia a dia ou sobre um exercício de simples sobrevivência. Um modo semelhante de enfrentar a realidade vai contra uma vida cheia de sentido e capaz de dar um testemunho profético.

A gestão contínua das emergências cada vez mais constritivas consome mais energias do que se possa pensar. Infelizmente, corremos o risco de nos deixarmos absorver completamente pela resolução de problemas em vez de imaginarmos percursos. Nesse grande esforço, quase se tem a impressão de se ter perdido o impulso carismático do Concílio. O grande empenho de renovação e de criatividade parece ter sido seguido recentemente por uma estagnação sem saída, precisamente quando somos chamados a abraçar generosamente novos êxodos. Em muitos casos, o medo do futuro debilita e desvitaliza aquele ministério profético – em que o Papa Francisco insiste[16] – que a vida consagrada é chamada a desempenhar na Igreja para o bem de toda a humanidade.

9. Neste ponto do caminho, é necessário e salutar determo-nos para discernir a qualidade e o grau de maturação do vinho novo que se produziu na longa fase de renovação pós-conciliar. Levantam-se algumas questões. A primeira diz respeito à harmonia e à coerência entre as estruturas, os organismos, os papéis, os estilos existentes há já algum tempo e os introduzidos nestes últimos anos para responder ao ditame conciliar.[17] A segunda anima-nos a avaliar se os elementos de mediação hoje vigentes na vida consagrada são adequados para acolher as novidades mais evidentes e para sustentar – na metáfora do *vinho novo*

---

[16] FRANCISCO, *Carta Apostólica a todos os consagrados*, por ocasião do Ano de Vida Consagrada (21 de novembro de 2014).
[17] Cf. CONCÍLIO ECUMÊNICO VATICANO II, Decreto *Perfectae caritatis*, nn. 2-4.

que fermenta e fervilha – a sua necessária transição para a estabilidade plena. Finalmente, podemos interrogar-nos se aquilo que provamos e que damos a beber é, de fato, *vinho novo*, encorpado e são. Ou trata-se, apesar de todas as nossas boas intenções e de todos os nossos louváveis esforços, de um vinho aguado para suprir as amargas consequências de uma vindima malfeita e de videiras mal podadas?

Estas questões podem ser levantadas com simplicidade e *parrésia*, sem ceder a sentimentos de culpa que correm o risco de provocar novos bloqueios. Podemos despender algum tempo para ver juntos o que está acontecendo dentro dos odres da nossa vida consagrada. Trata-se de analisar a situação quanto à qualidade do vinho novo e do vinho bom, e não de nos culpabilizarmos ou acusarmos. Somos chamados a servir esse vinho, do qual fomos constituídos amorosos guardiões, para alegria de todos e, de modo muito particular, em favor dos mais pobres e dos mais pequenos.

Não devemos ter medo de reconhecer honestamente como, não obstante uma longa série de mudanças, o velho esquema institucional tem dificuldade em dar passagem a novos modelos de modo decidido. Toda a multiplicidade de linguagens e modelos, de valores e deveres, de espiritualidade e identidade eclesial, a que estamos habituados, talvez ainda não tenha dado espaço ao ensaio e à estabilização do novo paradigma nascido da inspiração e da práxis pós-conciliar. Estamos vivendo uma fase de necessária e paciente reelaboração de tudo aquilo que constitui o patrimônio e a identidade da vida consagrada dentro da Igreja e diante da história. Assim também devemos indicar e ler aquela resistência tenaz que, durante muito tempo, permaneceu oculta, e que agora reapareceu de modo explícito em muitos contextos, inclusive como resposta possível a um mal disfarçado sentimento de frustração. Em algumas realidades de vida consagrada, por vezes até relevantes do ponto de vista numérico e de meios disponíveis, as pessoas são incapazes de acolher os sinais daquilo que é novo: habituadas ao gosto do vinho *velho* e tranquilizadas por modalidades já experimentadas, não estão realmente dispostas a aceitar qualquer mudança que não seja praticamente irrelevante.

10. Depois de termos apresentado e partilhado o estado em que se encontra a vida consagrada no momento atual, queremos apresentar algumas das suas incoerências e resistências. É desejável fazer este tipo de partilha com verdade e lealdade. Não podemos continuar a protelar o dever de entendermos juntos onde se encontra o nó a desatar, para sairmos da paralisia e superarmos o medo perante o futuro. Além de tentarmos nomear aquilo que bloqueia o dinamismo de crescimento e de renovação próprio da profecia da vida consagrada, parece-nos oportuno dar algumas orientações, para não ficarmos prisioneiros do medo ou da preguiça. Nesse sentido, tentaremos dar algumas sugestões sobre os percursos formativos, os conselhos jurídicos necessários para avançar, alguns conselhos relativos ao ministério da autoridade, para que esteja a serviço de um estilo de verdadeira comunhão de vida fraterna. Além disso, parece-nos necessário prestar particular atenção a outras duas áreas sensíveis para a vida consagrada: a formação e a comunhão de bens.

Como base de qualquer caminho, parece-nos importante sublinhar a necessidade de um novo impulso de santidade para os consagrados e as consagradas, impensável sem um surto de renovada paixão pelo Evangelho a serviço do Reino. Por essa via nos impele o Espírito do Ressuscitado, que continua a falar à Igreja com as suas inspirações.

O Papa Francisco confirma-nos neste percurso: "Para vinho novo, odres novos. A novidade do Evangelho. Que nos traz o Evangelho? Alegria e novidade. Para a novidade, novidade; para vinho novo, odres novos. E não tenhais medo de mudar as coisas segundo a lei do Evangelho. Por isso a Igreja pede-nos a todos nós algumas mudanças. Pede-nos que ponhamos de parte as estruturas caducas: não prestam! E que tomemos odres novos, os do Evangelho. O Evangelho é novidade! O Evangelho é festa! E só se pode viver plenamente o Evangelho com um coração alegre e com um coração renovado. Demos espaço à lei das bem-aventuranças, à alegria e à liberdade que a novidade do Evangelho nos traz. Que o Senhor nos dê a graça de não permanecermos prisioneiros, a graça da alegria e da liberdade que nos traz a novidade do Evangelho".[18]

---

[18] FRANCISCO, *Meditação matutina* na capela da Casa Santa Marta (5 de setembro de 2014).

II

DESAFIOS AINDA EM ABERTO

11. Aquilo que Jesus diz sobre a resistência à mudança – porque *o velho é que é bom* (cf. Lc 5,39) – é um fenômeno com que nos deparamos em todas as operações humanas e sistemas culturais. Como ensina o Evangelho pela parábola do trigo bom e do joio (cf. Mt 13,24-30), e da rede cheia de peixes bons e maus (cf. Mt 13,47-48), muitas vezes as boas obras misturam-se com outras menos boas. Embora isso não nos deva admirar, deve manter-nos continuamente vigilantes, para reconhecermos os limites e as fragilidades que impedem os processos necessários a um testemunho autêntico e fidedigno.

Todo o sistema estável tende a resistir à mudança e esforça-se por manter a sua posição, por vezes ocultando as incongruências, outras vezes aceitando opacificar velho e novo, ou negando a realidade e os atritos em nome de uma concórdia fictícia, ou até dissimulando as próprias finalidades com ajustamentos superficiais. Infelizmente, não faltam exemplos em que se detecta a adesão puramente formal sem a devida conversão do coração.

Vocação e identidade

12. Devemos assinalar, em primeiro lugar, com realismo, a permanência de um elevado número de aban-

donos da vida religiosa. É importante trazer à luz as causas principais de tais abandonos, ocorridos tanto depois das passagens principais do percurso formativo (profissão, ordenação) como em idade avançada. Este fenômeno verifica-se, atualmente, em qualquer contexto cultural e geográfico.

Devemos afirmar com clareza que não se trata sempre e apenas de crises afetivas. Muitas vezes essas crises afetivas são fruto de uma remota desilusão por uma vida de comunidade sem autenticidade. A separação entre o que é proposto em nível de valores e aquilo que é vivido concretamente pode conduzir até a uma crise de fé. O número excessivo de atividades prementes e exageradamente urgentes corre o risco de não permitir uma vida espiritual sólida e capaz de alimentar e sustentar o desejo de fidelidade. Em certos casos, o isolamento dos mais jovens em comunidades com predominância de idosos, que têm dificuldade em entrar num estilo de espiritualidade, de oração e de atividade pastoral requerido pela nova evangelização, corre o risco de minar a esperança numa verdadeira promessa de vida. Essa frustração, por vezes, faz encarar o abandono como a única saída para não sucumbir.

As investigações sociológicas têm mostrado que não faltam nos jovens aspirações a valores genuínos pelos quais estão dispostos a empenhar-se seriamente. Reconhece-se nos jovens uma disponibilidade para a transcendência, uma capacidade de se apaixonar por causas de solidariedade, de justiça e de liberdade. A vida religiosa, com os seus estilos estandardizados – demasiadas vezes fora do contexto cultural – e o afã talvez excessivo pela gestão das obras, corre o risco de não captar o desejo mais profundo dos jovens. Isso cria um vazio que torna cada vez mais difícil a substituição de gerações e demasiado cansativo o necessário diálogo entre as mesmas.

Por isso, devemos interrogar-nos seriamente sobre o sistema de formação. Certamente, nos últimos anos, conseguimos introduzir mudanças, inclusive positivas e na direção certa. Isso ocorreu, porém, de modo descontínuo e sem termos chegado a modificar as estruturas essenciais e de suporte da formação. Parece que, não obstante todos os esforços e o empenho despendidos na formação, não se consegue tocar o coração das pessoas e transformá-lo realmente. Tem-se a impressão de que a formação é mais informativa do que performativa. O resultado é a permanência de uma fragilidade das pessoas, tanto em termos de convicções existenciais como de percurso de fé. Isso leva a uma postura psicológica e espiritual mínima, com a consequente incapacidade de viver a própria missão com generosidade e de forma corajosa no que diz respeito ao diálogo com a cultura e a inserção social e eclesial.

13. A recente evolução de muitos institutos tornou mais agudo o problema da integração entre culturas diferentes. Para alguns institutos, perfila-se uma situação de difícil gestão: por um lado, várias dezenas de membros idosos, ligados às tradições culturais e institucionais clássicas, e por vezes acomodadas, e, por outro, um grande número de membros jovens ansiosos – provenientes de várias culturas –, que se sentem marginalizados, já não aceitando papéis subalternos. O desejo de assumir a responsabilidade de sair de uma situação de submissão poderia induzir alguns grupos a formas de pressão nos centros de decisão. Brotam daí experiências de sofrimento e marginalização, incompreensões e imposições que correm o risco de fazer entrar em crise o processo indispensável de inculturação do Evangelho.

Esse esforço de inculturação revela mais profundamente a distância crescente entre um modo clássico de pensar na vida consagrada e as suas formas estandardizadas e a maneira diferente como esta é apreendida e desejada em contextos eclesiais e culturais emergentes. Devemos tomar consciência de um processo de desocidentalização ou de deseuropeização da vida consagrada, que parece caminhar *pari passu* com um processo maciço de globalização. Torna-se cada vez mais claro que a coisa mais importante não é a conservação das formas, mas a disponibilidade para repensar, em continuidade criativa, a vida consagrada como memória evangélica de um estado permanente de conversão, do qual brotam intuições e opções concretas.

Opções de formação

14. Nesta área, os Institutos têm feito esforços notáveis, também ajudados, nesse sentido, pelas iniciativas das diversas Conferências de Superiores Maiores (nacionais e internacionais). Não obstante todo esse trabalho, constata-se ainda uma escassa integração entre visão teológica e antropológica na concepção da formação, do modelo formativo e da pedagogia educativa. Não se trata apenas de uma questão teórica, porque essa escassa integração não permite fazer interagir e dialogar entre si as duas componentes essenciais e indispensáveis de um caminho de crescimento: a dimensão espiritual e a dimensão humana. Já não se pode pensar que estas duas dimensões ocorrem por via autônoma, sem serem cuidadas de modo complementar e harmonioso.

O cuidado em vista de um crescimento harmonioso entre a dimensão espiritual e a dimensão humana implica uma atenção à antropologia específica das diversas culturas e à sensibilidade própria das novas gerações, com particular referência aos novos contextos de vida. Só um reentendimento profundo do simbolismo que toca verdadeiramente o coração das novas gerações pode evitar o perigo de se contentarem com uma adesão apenas superficial, de tendência e até de moda, onde parece que a busca de sinais exteriores transmite segurança de identidade. Torna-se premente a necessidade de discernimento das motivações vocacionais, com particular atenção às diversas áreas culturais e continentais.[19]

15. Apesar de cada Instituto se ter dotado, nestes anos, de uma *Ratio formationis* própria, as aplicações do itinerário formativo continuam a ser, muitas vezes, improvisadas e reduzidas. Isso acontece sobretudo nos institutos femininos, em que a urgência das obras prevalece com frequência sobre um caminho formativo fecundo, sistemático e orgânico. A pressão das obras e dos compromissos cada

---

[19] Cf. CONGREGAÇÃO PARA OS INSTITUTOS DE VIDA CONSAGRADA E AS SOCIEDADES DE VIDA APOSTÓLICA (CIVCSVA), Instrução *Partir de Cristo. Um renovado compromisso da vida consagrada no Terceiro Milênio* (19 de maio de 2002), n. 19.

vez mais pesados com a gestão da vida corrente das comunidades corre o risco de provocar uma nociva regressão em relação aos caminhos percorridos no período imediato pós-conciliar.

Nessa perspectiva, dever-se-ia evitar tanto uma frequência descontínua de cursos de teologia como a frequência exclusiva de cursos de licenciatura profissional, salvaguardando os equilíbrios da formação para a vida consagrada. Com efeito, um dos riscos é que cada um construa para si um mundo à parte, cujos acessos são ciosamente fechados a qualquer pedido de partilha. Assim, também no futuro próximo, não deveremos ter apenas jovens consagrados dotados de títulos acadêmicos, mas também formados na identificação com os valores da vida de *sequela Christi*.

16. Em vários Institutos faltam pessoas com preparação adequada para a função formativa. Trata-se de uma carência bastante difundida, sobretudo nos pequenos Institutos que têm estendido a sua presença a outros continentes. Devemos ter continuamente presente que a formação não se pode improvisar, mas exige uma remota e contínua preparação. Sem uma sólida formação dos formadores, não seria possível um real e prometedor acompanhamento dos mais jovens por parte de irmãos e irmãs verdadeiramente preparados e fidedignos nesse ministério. Para que uma formação seja eficaz, é necessário que se baseie numa pedagogia estritamente pessoal e que não se limite a uma proposta igual, para todos, de valores, de espiritualidade, de tempos, de estilos e de modos. Estamos perante o desafio de uma personalização da formação em que se recupere realmente o modelo iniciático. A iniciação exige o contato do mestre com o discípulo, uma caminhada lado a lado, na confiança e na esperança.

Nesse contexto, confirma-se a necessidade de prestar muita atenção à escolha dos formadores e das formadoras. Estes têm por missão principal transmitir às pessoas que lhes são confiadas "a beleza do seguimento do Senhor e o valor do carisma em que ela se realiza".[20] Deles se requer, principalmente, que sejam "pessoas peritas no caminho da busca de Deus".[21]

Com demasiada frequência, as jovens e os jovens são envolvidos prematuramente na gestão da atividade, de modo tão pesado e premente, que tornam bastante difícil a prossecução de uma formação séria. Esta não pode ser confiada unicamente a quem está diretamente incumbido da formação dos mais novos, como se fosse um problema apenas seu, mas exige a colaboração e a presença harmoniosa e adequada de toda a comunidade, espaço onde "tem lugar a iniciação ao trabalho e à alegria da vida em comum".[22] É na fraternidade que se aprende a acolher os outros como dom de Deus, aceitando as suas características positivas e, ao mesmo tempo, as suas diversidades e limitações. É na fraternidade que se aprende a partilhar os dons recebidos para a edificação de todos. É na fraternidade que se aprende a dimensão missionária da consagração.[23]

---

[20] JOÃO PAULO II, Exortação Apostólica *Vida consagrada*, n. 66.
[21] Ibidem.
[22] Ibidem, n. 67.
[23] Cf. ibidem.

No que diz respeito à formação contínua, corre-se o risco de falar muito da mesma, mas pouco fazer nesse sentido. Não basta organizar cursos de informação teórica de teologia e abordar temas de espiritualidade, pelo contrário, é urgente implementar uma cultura de formação permanente. Dessa cultura deveria fazer parte não só a enunciação de conceitos teóricos, mas também a capacidade de revisão e de verificação da vivência concreta nas comunidades. Além disso, não se deveria confundir a formação permanente como ocasião de reflexão e de revisão com uma espécie de turismo religioso que se contenta em revisitar os lugares de origem do Instituto. Corre-se também o risco de relegar as ocasiões de formação para ocasiões especiais (comemorações de memórias do instituto, celebrações dos vinte e cinco ou cinquenta anos de profissão), quase como se não houvesse uma necessidade intrínseca ao dinamismo da fidelidade nas diversas fases da vida.[24]

Torna-se cada vez mais importante incluir na formação contínua uma séria iniciação ao governo. Esta função tão fundamental na vida das comunidades é, por vezes, confiada de forma improvisada e desempenhada de maneira imprópria e deficiente.

Relação no *humanum*

Reciprocidade homem-mulher

17. Nos modelos de vida, nas estruturas de organização e de governo, nas linguagens e no imaginário cole-

---

[24] Cf. ibidem, nn. 70-71.

tivo, somos herdeiros de uma mentalidade que punha em destaque diferenças profundas entre o homem e a mulher, em detrimento da sua igual dignidade. Também na Igreja, e não só na sociedade, múltiplos preconceitos unilaterais impediam-nos de reconhecer os dotes do verdadeiro *gênio feminino*[25] e o contributo original das mulheres. Este tipo de subvalorização tocou de modo particular as mulheres consagradas mantidas à margem da vida, da pastoral e da missão da Igreja.[26] A renovação pós-conciliar viu emergir e difundir-se uma valorização crescente do papel da mulher. O século XX foi definido como o "século da mulher", sobretudo pelo despertar da consciência feminina na cultura moderna, reconhecido há cinquenta anos por São João XXIII como um dos mais evidentes "sinais dos tempos".[27]

Apesar disso, durante muito tempo ainda, manteve-se uma atitude de resistência na comunidade eclesial, e por vezes também entre as próprias mulheres consagradas, diante dessa nova sensibilidade. Recentemente foi dado um impulso particular pelo próprio Magistério, que incentivou as mulheres a essa tomada de consciência da sua dignidade. Há que reconhecer, de modo particular, o mérito dos pontífices Paulo VI, João Paulo II e Bento XVI, que desenvolveram um precioso Magistério sobre esse tema. Hoje em dia, muitas mulheres consagradas oferecem um pensamento positivo que ajuda no processo de crescimento de uma visão bíblica do *humanum* em relação a uma sociedade marcada

---

[25] Cf. ibidem, n. 58.
[26] Cf. ibidem, n. 57.
[27] JOÃO XXIII, Carta Encíclica *Pacem in terris* (11 de abril de 1963), n. 22.

por estereótipos machistas nos esquemas mentais e na organização socio-político-religiosa. As mulheres consagradas associam-se com solidariedade ao sofrimento das mulheres que, em vários contextos mundiais, sofrem injustiças e marginalizações. É preciso o contributo de algumas delas, que releem a revelação bíblica com olhos de mulher, a fim de descobrir novos horizontes e novos estilos, e de viver criativamente o "carisma da feminilidade".[28] O fim deste trabalho da inteligência, iluminada pela fé e pela paixão eclesial, consiste em promover relações de irmandade entre consagradas e consagrados dentro da Igreja, para se tornarem um modelo de sustentabilidade antropológica.

18. Não obstante o caminho percorrido, devemos reconhecer que ainda não chegamos a uma síntese equilibrada e a uma purificação dos esquemas e dos modelos herdados do passado. Ainda persistem obstáculos nas estruturas e mantém-se uma grande desconfiança quando surge a ocasião de confiar às mulheres "espaços de participação em vários setores e a todos os níveis, inclusive nos processos de elaboração das decisões, sobretudo no que lhes diz respeito",[29] na Igreja e na gestão concreta da vida consagrada. As jovens vocações que vão surgindo trazem em si uma consciência feminina naturalmente acentuada. Infelizmente, esta nem sempre é reconhecida e acolhida como um valor. As críticas com que se manifesta uma certa desaprovação provêm não só das outras mulheres

---

[28] JOÃO PAULO II, Carta Apostólica *Mulieris dignitatem* (15 de agosto de 1988), n. 66.
[29] JOÃO PAULO II, Exortação Apostólica *Vida consagrada*, n. 58.

consagradas, mas também de alguns homens de Igreja, que continuam a pensar segundo esquemas machistas e clericais. Estamos longe da mensagem de libertação recebida de Cristo, que a Igreja deveria "difundir profeticamente, promovendo mentalidades e condutas segundo as intenções do Senhor".[30] Como afirmava São João Paulo II e, também, repete com frequência o Papa Francisco: "É legítimo que a mulher consagrada aspire a ver mais claramente reconhecida a sua identidade, a sua capacidade, a sua missão e a sua responsabilidade, tanto na consciência eclesial como na vida cotidiana".[31]

Nos ambientes de vida consagrada, falta um verdadeiro amadurecimento na reciprocidade entre homem e mulher: torna-se urgente uma pedagogia adequada para os jovens, a fim de alcançarem um saudável equilíbrio entre identidade e alteridade; e também uma ajuda adequada para os idosos, a fim de ajudá-los a reconhecer o caráter positivo de uma serena e respeitosa reciprocidade. Podemos falar de dissonância cognitiva corrente entre os religiosos idosos e os jovens. Para uns, as relações com o feminino e o masculino estão marcadas por uma grande reserva e até fobia, para os outros, por abertura, espontaneidade e naturalidade.

Outro aspecto a destacar é a debilidade com que nos deparamos, *ad intra* nos Institutos, em relação a esse processo antropológico-cultural de verdadeira integração e complementaridade recíproca com o elemento e a sensibili-

---

[30] Ibidem, n. 57.
[31] Ibidem.

dade feminina e masculina. São João Paulo II reconheceu como legítimo o desejo das consagradas de terem "espaços de participação em vários setores e a todos os níveis",[32] mas a verdade é que, na prática, ainda estamos longe disso. E corremos o risco de empobrecer gravemente a própria Igreja, como disse o Papa Francisco: "Não reduzamos o empenho das mulheres na Igreja, promovendo antes o seu papel ativo na comunidade eclesial. Se a Igreja perde as mulheres, na sua dimensão total e real, corre o risco de ficar estéril".[33]

Serviço da autoridade

19. O serviço da autoridade não permanece alheio à crise em curso na vida consagrada. Diante de uma primeira leitura de certas situações, nota-se ainda a tensão para uma centralização nas cúpulas em termos de exercício da autoridade, tanto em nível local como mais abrangente, contrariando assim a necessária subsidiariedade. Em certos casos, poderia parecer suspeita a insistência de alguns superiores sobre o caráter pessoal da sua autoridade, chegando quase a tornar vã a colaboração dos Conselhos, convencidos de responder (de forma autônoma) à própria consciência. Daí uma débil ou ineficaz corresponsabilidade na práxis do governo ou, se for caso disso, a ausência de delegações convenientes. O governo não pode certamente se centrar nas mãos de uma só pessoa, esquivando-se assim

---

[32] Ibidem, n. 58.
[33] FRANCISCO, *Discurso* por ocasião do encontro com o Episcopado Brasileiro, Rio de Janeiro (27 de julho de 2013).

às proibições canônicas.[34] Além disso, em vários Institutos, há superiores e superioras que não têm na devida conta as decisões capitulares.

Em muitos casos, confundem-se os níveis geral, provincial e local, por não ser garantida a autonomia que corresponde à subsidiariedade própria de cada nível. Desse modo, não se favorece a corresponsabilidade que admite espaços de justa autonomia. Registra-se também o fenômeno de superiores que só estão preocupados em manter aquele *status quo*, aquele "sempre se fez assim". O convite do Papa Francisco "a ser audazes e criativos [...], repensando os objetivos, as estruturas, o estilo e os métodos",[35] aplica-se, de igual modo, aos organismos e à práxis do governo.

20. Diante das graves questões, não é certamente uma práxis sensata recorrer a maiorias pré-constituídas pela autoridade, transcurando a convicção e a persuasão, a informação correta e honesta e a clarificação das objeções. Ainda é menos aceitável uma práxis de governo baseada na lógica dos grupos partidários, e pior ainda se for alimentada por preconceitos, que destroem a comunhão carismática dos Institutos e incidem de forma negativa sobre o sentido de pertença. São João Paulo II não hesitou em recordar a antiga sabedoria da tradição monástica – "muitas vezes o Senhor inspira ao mais novo o que é melhor" (*Regula Benedicti*, III, 3) – para um reto exercício concreto da es-

---

[34] Cf. CDC, cân. 636.
[35] FRANCISCO, Exortação Apostólica *Evangelii gaudium*, n. 30.

pirituralidade de comunhão que promove e garante a efetiva participação de todos.[36]

Qualquer autoridade, mesmo no caso de um fundador, não se pode sentir intérprete exclusivo do carisma nem tampouco pretender subtrair-se às normas do direito universal da Igreja. Essas atitudes podem alimentar e manifestar desconfiança nas outras componentes eclesiais,[37] por parte da família religiosa ou da comunidade de referência.

Ao longo destes anos não faltaram episódios e situações de manipulação da liberdade e da dignidade das pessoas, sobretudo nos Institutos de fundação recente. Não só as reduzindo a uma dependência total, que mortifica a dignidade e até os direitos humanos fundamentais, mas até induzindo-as, com vários abusos e com a pretensão de fidelidade aos projetos de Deus mediante o carisma, a uma submissão que afeta também a esfera da moralidade e até da intimidade sexual. Com grande escândalo para todos, quando os fatos se revelam.

21. No serviço cotidiano da autoridade, pode-se evitar que a pessoa seja constrangida a pedir autorizações constantes para o normal funcionamento diário. Quem exerce o poder não deve incentivar atitudes infantis, que possam induzir a comportamentos irresponsáveis. Essa linha só

---

[36] Cf. JOÃO PAULO II, Carta Apostólica *Novo millennio ineunte* (6 de janeiro de 2001), n. 45; CIVCSVA, *Partir de Cristo. Um renovado compromisso da vida consagrada no Terceiro Milênio*, n. 15.

[37] Cf. CIVCSVA, Instrução *O serviço da autoridade e a obediência. Faciem tuam, Domine, requiram* (11 de maio de 2008), n. 13f.

dificilmente levará as pessoas à maturidade. Infelizmente, devemos reconhecer que situações desse tipo são mais frequentes do que as pessoas estão dispostas a aceitar e a denunciar, sendo mais evidentes nos Institutos femininos. É essa uma das razões que parecem motivar numerosos abandonos. Para alguns, estes são a única resposta para situações que se tornaram insuportáveis.

Cada pedido de abandono deveria ser ocasião de uma séria interrogação acerca das responsabilidades da comunidade no seu conjunto e, em particular, dos superiores. Devemos dizer com clareza que o autoritarismo lesa a vitalidade e a fidelidade dos consagrados! Afirma o Código, com muita coragem: "A vida fraterna própria de cada instituto [...] seja definida de modo a alcançar para todos uma ajuda recíproca na realização da vocação própria de cada um".[38]

Assim, quem exerce o seu ministério sem a paciência da escuta e o acolhimento da compreensão, coloca-se numa condição de escassa autoridade em relação aos próprios irmãos e irmãs. Com efeito, "a autoridade do superior religioso deve caracterizar-se pelo espírito de Cristo, que não veio para ser servido, mas para servir".[39] Atitude inspirada em Jesus servo, que lava os pés dos seus discípulos para que tenham parte na sua vida e no seu amor.[40]

---

[38] CDC, cân. 602; cf. CONCÍLIO ECUMÊNICO VATICANO II, Decreto *Perfectae caritatis*, n. 15.

[39] Cf. CIVCSVA, *O serviço da autoridade e a obediência*, n. 14b.

[40] Cf. ibidem, n. 12.

Modelos relacionais

22. Comentando os *odres novos* de que falava Jesus no Evangelho, dizíamos que a substituição dos *odres* não acontece de forma automática, mas exige empenho, habilidade e disponibilidade para a mudança. Para que isso aconteça, é necessária a generosa disponibilidade para a renúncia a todo tipo de privilégios. Devemos recordar que ninguém, em primeiro lugar todos aqueles que são constituídos como autoridade, se pode considerar isento de uma série de renúncias a esquemas por vezes ultrapassados e nocivos. Nenhuma mudança é possível sem a renúncia a esquemas obsoletos,[41] a fim de que se possam abrir novos horizontes e possibilidades no governo, na vida comum, na gestão dos bens e na missão. De modo algum nos podemos manter agarrados a uma atitude que sabe mais a manutenção do que a autêntica requalificação de estilos e de atitudes.

Um indício revelador de tal situação de estagnação é a centralização persistente do poder decisório e a falta de alternância no governo das comunidades e dos Institutos.

Devemos tomar consciência, com *parrésia* evangélica, de que em algumas congregações femininas nos deparamos com a perpetuação de certos cargos. Algumas pessoas permanecem no governo, inclusive com diversas funções, durante demasiados anos. Seria oportuno prover com normas gerais adequadas, para atenuação dos efeitos, a médio e longo prazo, da prática generalizada

---

[41] CONCÍLIO ECUMÊNICO VATICANO II, Decreto *Perfectae caritatis*, n. 3.

de cooptação aos papéis de responsabilidade de membros dos precedentes governos gerais. Por outras palavras, com diretivas que impeçam a manutenção dos cargos para lá dos prazos canônicos, sem permitir que se recorra a fórmulas que, na realidade, mantêm vigente aquilo que as normas tentam evitar.

23. Outro ponto que não podemos ocultar é que, nas últimas décadas, se intensificou a clericalização da vida consagrada, sendo um dos fenômenos mais evidentes a crise numérica dos Institutos religiosos laicais.[42] Outro fenômeno são os religiosos-presbíteros quase exclusivamente dedicados à vida diocesana e menos à vida comunitária, que por isso fica debilitada.

Permanece em aberto a reflexão teológica e eclesiológica sobre a figura e a função do religioso-presbítero, sobretudo quando aceita um serviço pastoral.

Além disso, deveria ser abordado o fenômeno de religiosos-sacerdotes benevolamente acolhidos pelo bispo numa diocese sem o discernimento adequado e as necessárias avaliações. Por outro lado, deve-se igualmente estar atento à facilidade com que alguns Institutos religiosos acolhem, sem o devido discernimento, clérigos seminaristas que foram mandados embora dos seminários diocesanos ou de outros Institutos.[43]

---

[42] Cf. CIVCSVA, *Identidade e missão do irmão religioso na Igreja*, Cidade do Vaticano, LEV, 2013.
[43] Cf. CONGREGAÇÃO PARA O CLERO, *O dom da vocação presbiteral. Ratio fundamentalis institutionis sacerdotalis* (8 de dezembro de 2016).

Estes três pontos não podem ser de modo algum ignorados, inclusive para evitar problemas mais graves para as pessoas e para as comunidades.

24. Obediência e serviço da autoridade continuam a ser questões altamente sensíveis, até porque as culturas e os modelos sofreram transformações profundas inéditas e, sob certos aspectos, talvez também desconcertantes, pelo menos para alguns. No contexto em que vivemos, a própria terminologia "superiores" e "súditos" já não é adequada. Aquilo que resultava num contexto relacional de tipo piramidal e autoritário, já não é desejável nem vivível na sensibilidade de comunhão do nosso modo de nos sentirmos e querermos enquanto Igreja. Devemos ter presente que a verdadeira obediência não pode deixar de pôr em primeiro lugar a obediência a Deus, quer por parte da autoridade, quer de quem obedece, assim como não pode deixar de se referir à obediência de Jesus; obediência essa que inclui o seu grito de amor: "Meu Deus, meu Deus, por que me abandonaste?" (Mt 27,36), e o silêncio de amor do Pai.

O Papa Francisco dirige um convite premente "a todas as comunidades do mundo, pedindo sobretudo um testemunho de comunhão fraterna que se torne atraente e luminoso. Que todos possam admirar como sois solícitos uns para com os outros, como vos animais e acompanhais mutuamente".[44]

Assim, a verdadeira obediência não exclui, pelo contrário, requer que cada um manifeste a própria con-

---

[44] FRANCISCO, Exortação Apostólica *Evangelii gaudium*, n. 99.

vicção amadurecida no discernimento, inclusive quando tal convicção não coincide com aquilo que é pedido pelo superior. Se depois disso, em nome da comunhão, um irmão ou uma irmã, mesmo vendo coisas melhores, obedece por sua espontânea vontade, então estará a pôr em prática a *obediência caritativa*.[45]

É impressão difundida que, muitas vezes, a relação superior-súdito carece da base evangélica da fraternidade. Dá-se maior importância à instituição do que às pessoas que a compõem. Não por acaso, dentre os motivos principais dos abandonos, destacam-se, segundo a experiência desta Congregação: o debilitamento da visão de fé, os conflitos na vida fraterna e a vida de fraternidade débil em termos de humanidade.

Na realidade, o modo de conduzir a comunidade por parte dos superiores está bem patente no Código como aplicação daquilo que diz a *Perfectae caritatis*: "Os superiores exerçam em espírito de serviço [...] governem os súditos como filhos de Deus, promovendo, com reverência pela pessoa humana, a sua obediência voluntária [...], esforcem-se por edificar a comunidade fraterna em Cristo, na qual, de preferência a tudo mais, se busque e se ame a Deus".[46]

25. Merece particular destaque e consideração a relação superior-fundador nas novas fundações. Embora devamos dar graças ao Espírito Santo por tantos carismas

---

[45] Cf. FRANCISCO DE ASSIS, *Avisos espirituais*, III, 6.
[46] CDC, cân. 618-619; cf. CONCÍLIO ECUMÊNICO VATICANO II, Decreto *Perfectae caritatis*, n. 14.

que tornam viva a vida eclesial, não podemos ignorar a perplexidade diante de atitudes em que muitas vezes se denota um conceito restrito de obediência, que se pode tornar perigoso. Em certos casos não se promove a colaboração "com obediência ativa e responsável",[47] mas a sujeição infantil e a dependência escrupulosa. Desse modo, pode-se lesar a dignidade da pessoa, a ponto de humilhá-la.

Nestas novas experiências ou noutros contextos, a distinção entre foro externo e foro interno nem sempre é considerada corretamente e devidamente respeitada.[48] A garantia segura da mencionada distinção evita uma ingerência indevida, que pode gerar situações de falta de liberdade interior e de sujeição psicológica que poderiam dar lugar a um certo controle das consciências. Nestes como noutros casos, o importante é não induzir nos membros uma dependência excessiva, que pode assumir formas de plágio até ao extremo da violência psicológica. Neste âmbito, também se torna necessário separar a figura do superior da do fundador.

26. De uma vida comunitária nivelada, que não deixa espaço à originalidade, à responsabilidade e a relações fraternas cordiais, deriva uma escassa partilha na vida real. O comprometimento de tais relações é muito evidente na modalidade concreta da vivência da comunhão de bens evangélica, que altera as relações de fraternidade. Adverte o Papa Francisco: "A crise financeira que atravessamos

---

[47] CONCÍLIO ECUMÊNICO VATICANO II, Decreto *Perfectae caritatis*, loc. cit.

[48] O cân. 630 presta particular atenção a esta matéria.

faz-nos esquecer que na sua origem há uma profunda crise antropológica: a negação do primado do ser humano!".[49]

No decorrer da sua longa história, a vida consagrada tem sido capaz de se opor profeticamente, cada vez que o poder econômico correu o risco de humilhar as pessoas, sobretudo as mais pobres. Na atual situação global de crise financeira, para a qual o Papa Francisco nos chama continuamente a atenção, os consagrados são chamados a ser verdadeiramente fiéis e criativos para não faltarem à profecia da vida comum internamente e da solidariedade para com o exterior, sobretudo em relação aos mais pobres e mais frágeis.

Passamos de uma economia doméstica para processos administrativos e de gestão que quase escapam ao nosso controle, evidenciando a nossa precariedade e, antes disso ainda, a nossa falta de preparação. Não podemos adiar o nosso recentramento sobre a transparência em matéria econômica e financeira, como primeiro passo para recuperar o autêntico sentido evangélico da comunhão real de bens no interior das comunidades e da sua partilha concreta com quem vive ao nosso lado.

27. Nas comunidades, a distribuição dos bens deve ser sempre feita no respeito pela justiça e pela corresponsabilidade. Em certos casos, quase se constata um regime que trai os fundamentos inevitáveis da vida em fraternidade, enquanto "a autoridade é chamada a promover a dignidade da

---

[49] FRANCISCO, Exortação Apostólica *Evangelii gaudium*, n. 55.

pessoa".[50] Não se pode aceitar um estilo de gestão em que à autonomia econômica de alguns corresponde a dependência de outros, minando assim o sentido de pertença recíproca e a garantia de equidade, inclusive no reconhecimento da diversidade de papéis e de serviços.

A regulamentação sobre o estilo de vida de cada consagrado e consagrada não nos exime de um sério e eficaz discernimento sobre a pobreza do Instituto como avaliação, ação e testemunho significativo na Igreja e entre o povo de Deus.

28. Os consagrados e as consagradas, radicados no reconhecimento do primado do ser sobre o ter, da ética sobre a economia, deveriam assumir, como alma da sua ação, uma ética da solidariedade e da partilha, evitando a gestão exclusiva dos recursos na mão de poucos.

As gestões dos Institutos não são de circuito fechado, caso contrário, não expressariam o valor da eclesialidade. Os bens dos Institutos são bens eclesiais e participam das mesmas finalidades no modo evangélico da promoção da pessoa humana, da missão e da partilha caritativa e solidária com o povo de Deus: de modo especial, a solicitude para com os pobres e o cuidado dos mesmos, vividos como empenho comum, são capazes de conferir nova vitalidade ao Instituto.

Tal solidariedade, vivida certamente no interior de cada Instituto e de cada fraternidade, também deve ser

---

[50] CIVCSVA, *O serviço da autoridade e a obediência*, n. 13b.

alargada a outros Institutos. Na *Carta Apostólica a todos os consagrados,* o Papa Francisco convida à "comunhão entre os membros dos diversos Institutos".[51] Por que não se há de pensar também numa comunhão efetiva no campo econômico, em particular com aqueles Institutos que atravessam situações de necessidade, pondo em comum os próprios recursos?[52] Seria um belo testemunho de comunhão no seio da vida consagrada, um sinal profético nesta nossa sociedade "dominada por uma nova tirania, por vezes virtual, que impõe, de modo unilateral e implacável, as suas leis e as suas regras".[53] a tirania do poder e do ter, que "não conhece limites".[54]

---

[51] FRANCISCO, *Carta Apostólica a todos os consagrados* por ocasião do Ano de Vida Consagrada, II, n. 3.
[52] Cf. CIVCSVA, Carta circular *Linhas orientadoras para a gestão dos bens nos Institutos de Vida Consagrada e nas Sociedades de Vida Apostólica* (2 de agosto de 2014), 2.3.
[53] Cf. FRANCISCO, Exortação Apostólica *Evangelii gaudium,* n. 55.
[54] Ibidem.

III

PREPARAR ODRES NOVOS

29. Jesus pôs muitas vezes os seus discípulos de sobreaviso contra a tendência de equiparar a novidade do anúncio evangélico aos velhos hábitos, com o risco de reduzi-lo a um *ethos* de pura repetição. A par da parábola do *vinho novo* que deve ser posto em *odres novos*, somos chamados a deixar-nos guiar pela lógica das bem-aventuranças. O Sermão da Montanha é a *magna carta* do caminho de cada discípulo: "Ouvistes que vos foi dito [...] mas Eu vos digo" (cf. Mt 5,21.27.33.38.43). Se esta é a direção em que nos devemos mover, o Senhor também nos põe de sobreaviso contra todo perigo de pensamento legalista: "Tomai cuidado com..." (Mc 8,15; Mt 16,11; Lc 12,15).

O conjunto das palavras e dos gestos de Jesus impele-nos continuamente para um processo de abertura infinita à *novidade do Reino*. O primeiro passo dessa abertura é o discernimento e a rejeição de tudo aquilo que está em contradição com os valores substanciais da fidelidade a Deus que se manifesta na disponibilidade para o serviço: *entre vós não deve ser assim* (cf. Mc 10,43). A vida de Jesus Cristo é a história de uma *nova práxis* em que se radica a *vida nova* dos seus discípulos, chamados a ser sensíveis às novas lógicas e às novas prioridades sugeridas pelo Evangelho.

Fidelidade no Espírito

30. A análise dos desafios ainda em aberto, apresentada na primeira parte destas *Orientações*, deve conduzir-nos a esse limiar evangélico, dispostos a reconhecer os pontos problemáticos, a fim de abrir novas pistas de esperança para todos. Por analogia, podemos aplicar aqui aquilo que recomenda o Papa Francisco: "A pastoral em chave missionária exige que se abandone o cômodo critério pastoral do 'sempre se fez assim'. Convido todos a serem audazes e criativos nesta tarefa de repensar os objetivos, as estruturas, o estilo e os métodos evangelizadores das próprias comunidades".[55]

Trata-se, portanto, de descobrir os novos *percursos* rumo à autenticidade do testemunho evangélico e carismático da vida consagrada; de discernir e, depois, de implementar os necessários processos de purificação e de cura do fermento de *maldade e de perversidade* (cf. 1Cor 5,8). Nesse processo apaixonante e empenhado, as inevitáveis tensões e sofrimentos podem ser sinal de uma nova gestação. Na realidade, já estamos no limiar de novas sínteses que nascerão com *gemidos interiores inexprimíveis* (cf. Rm 8,23.26) e com o exercício paciente de criativa fidelidade.[56]

31. Os apelos cotidianos do Papa Francisco a uma alegre prática do Evangelho, sem hipocrisias, estimulam-nos a uma simplificação capaz de reencontrar a fé dos simples e a audácia dos santos. A originalidade evangélica

---

[55] FRANCISCO, Exortação Apostólica *Evangelli gaudium*, n. 33.
[56] Cf. JOÃO PAULO II, Exortação Apostólica *Vida consagrada*, n. 37.

(cf. Mc 10,43), da qual a vida consagrada pretende ser profecia encarnada, passa por atitudes e escolhas concretas: o primado do serviço (cf. Mc 10,43-45) e o caminho constante em direção aos pobres e à solidariedade para com os mais pequenos (cf. Lc 9,48); a promoção da dignidade da pessoa em qualquer situação que esteja vivendo e sofrendo (cf. Mt 25,40); a subsidiariedade como exercício de confiança recíproca e de generosa colaboração de todos e com todos.

32. Para sermos capazes de responder aos apelos do Espírito e aos desafios da história, é bom recordar que: "A vida consagrada insere-se *no próprio coração* da Igreja como elemento decisivo para a sua missão. Com efeito, ela "exprime a natureza íntima da vocação cristã" e a "tensão de toda a Igreja-Esposa para a união com o único Esposo".[57] A natureza de sinal, portanto, que conota a vida consagrada no caminho histórico do povo de Deus, situa-a de modo privilegiado na linha da profecia evangélica. Essa linha profética é sinal e fruto da sua natureza carismática, que a torna capaz de criatividade e originalidade. Isso requer a contínua disponibilidade para os sinais que provêm do Espírito, até mesmo *escutar a brisa* (cf. 1Rs 19,12). Só esta atitude permite reconhecer os misteriosos caminhos (cf. Jo 3,8) da graça até renascer para uma nova esperança na fecundidade da Palavra (cf. Jo 4,35).

33. A identidade, com todo o seu alcance, não se apresenta como dado imóvel e teórico, mas como processo de crescimento partilhado. O fosso entre gerações, a incul-

---

[57] Ibidem, n. 3.

turação, a multiculturalidade e a interculturalidade que caracterizam cada vez mais os Institutos de Vida Consagrada como lugares duros podem tornar-se âmbito de desafio de um verdadeiro diálogo comunitário na cordialidade e na caridade de Cristo. Só assim cada um se sentirá envolvido no *projeto comunitário* e responsável por ele, "de modo a conseguir para todos uma ajuda recíproca na realização da vocação própria de cada um".[58]

Tais necessidades requerem uma modificação das estruturas, de tal modo que sejam um apoio para todos numa confiança renovada, que relance uma fidelidade dinâmica e fraterna.

Modelos formativos e formação dos formadores

34. O âmbito formativo, nestes últimos anos, assistiu a uma profunda transformação de métodos, linguagens, dinâmicas, valores, finalidades e etapas. Afirmou o Papa Francisco: "Devemos pensar sempre no povo de Deus, dentro dele. [...] Não devemos formar administradores, gestores, mas pais, irmãos, companheiros de caminho",[59] e ainda: "A formação é uma obra artesanal, não policial".[60]

A adoção de uma *Ratio formationis* empenhou uma boa parte dos Institutos, para responder às novas necessidades. Todavia, nota-se um fosso significativo em termos

---

[58] CDC, cân. 602.
[59] FRANCISCO, *Iluminai o futuro: uma conversa narrada por Antonio Spadaro*, Prior Velho, Paulinas, 2015, p. 22.
[60] Ibidem, 21.

de linguagem, de qualidade e de sabedoria mistagógica. Mesmo no caso de receituários acabados de imprimir, impõe-se a revisão dos mesmos, recopiados uns dos outros. Precisamente porque a questão da formação constitui um aspecto fundamental para o futuro da vida consagrada.

35. De modo particular, a formação contínua requer um cuidado específico, como sublinhou o papa na famosa conversa com os superiores-gerais.

a) A formação contínua deve ser orientada segundo a identidade eclesial da vida consagrada. Não se trata apenas de nos atualizarmos em termos das novas teologias, das normas eclesiais ou dos novos estudos relativos à própria história e ao carisma do Instituto. O que se deve fazer é consolidar, ou muitas vezes também reencontrar o próprio lugar na Igreja, a serviço da humanidade. É frequente esse trabalho coincidir com aquela clássica *segunda conversão*, que se impõe em momentos decisivos da vida, como a meia-idade, uma situação de crise ou ainda o afastamento da vida ativa, por doença ou velhice.[61]

b) Todos nós estamos convencidos de que a formação deve durar toda a vida. Por outro lado, devemos admitir que ainda não existe uma cultura da formação contínua. Essa carência é fruto de uma mentalidade parcial e redutiva em relação à formação contínua, de tal modo que a sensibilidade relativamente à sua importância é escassa, e o envolvimento dos indivíduos, mínimo. Em nível de práxis pedagógica, ainda não encontramos

---

[61] Cf. JOÃO PAULO II, Exortação Apostólica *Vida consagrada*, n. 70.

itinerários concretos, no plano individual e comunitário, que a tornem um verdadeiro caminho de crescimento na fidelidade criativa com consequências apreciáveis e duradouras na vida concreta.

c) De modo particular, custa assimilar a ideia de que a formação só é verdadeiramente contínua quando é ordinária e tem lugar na realidade de cada dia. Perdura ainda uma interpretação débil ou sociológica da formação contínua, associada a um simples dever de atualização ou à eventual exigência de uma revitalização espiritual, e não de uma contínua atitude de escuta e de partilha de apelos, problemáticas e horizontes. Cada um é chamado a deixar-se tocar, educar, provocar e iluminar pela vida e pela história, por aquilo que anuncia e que celebra, pelos pobres e pelos excluídos, pelos próximos e pelos afastados.

d) Além disso, deve-se esclarecer o papel da formação inicial. Ela não se pode contentar em formar para a docilidade e para os saudáveis hábitos e tradições de um grupo, mas deve tornar o jovem consagrado realmente *docibilis*. Isso significa formar um coração livre para aprender com a história de cada dia ao longo de toda a vida, ao estilo de Cristo, para se colocar a serviço de todos.

e) De modo especial, e em referência a este tema, torna-se indispensável uma reflexão sobre a dimensão inclusive estrutural-institucional da formação permanente. Como outrora, depois do Concílio de Trento, nasceram seminários e noviciados para a formação inicial, hoje somos chamados a realizar formas e estruturas que sustenham o caminho de cada consagrado na progressiva conformação com os sentimentos do Filho (cf. Fl 2,5). Isso seria um sinal institucional extremamente eloquente.

36. Os superiores são chamados a estar próximos das pessoas consagradas em todas as problemáticas que dizem respeito a seu caminho, quer em nível pessoal, quer comunitário. É tarefa particular dos superiores acompanhar, mediante um diálogo sincero e construtivo, aqueles que estão em formação, ou que regressam, a títulos vários, a esses percursos. As dificuldades surgidas impõem que se promova uma vida fraterna em que os elementos humanizantes e evangélicos encontrem o seu equilíbrio, a fim de que cada um se sinta corresponsável e, ao mesmo tempo, seja reconhecido como indispensável para a construção da fraternidade. Com efeito, a fraternidade é o lugar de eminente formação contínua.

37. Novos profissionalismos devem ser oportunamente preparados inclusive na formação dos formadores em contextos multiculturais. "As boas estruturas ajudam, mas por si só não bastam".[62] As estruturas interprovinciais ou internacionais destinadas à formação dos candidatos implicam a introdução de formadores/formadoras que estejam realmente convencidos de que "o Cristianismo não dispõe de um único modelo cultural, mas, "continuando a ser plenamente aquilo que é, em total fidelidade ao anúncio do Evangelho e à tradição eclesial, ostentará também o rosto das inúmeras culturas e dos inúmeros povos em que é acolhido e radicado".[63] Isso implica a capacidade

---

[62] BENTO XVI, Carta Encíclica *Spe salvi* (30 de novembro de 2007), n. 25.
[63] FRANCISCO, Exortação Apostólica *Evangelii gaudium*, n. 116.

e a humildade de não impor um sistema cultural, mas de fecundar cada cultura com a semente do Evangelho e da própria tradição carismática, evitando com todo o cuidado a "vaidosa sacralização da própria cultura".[64]

A sinergia de novos saberes e competências pode promover um acompanhamento formativo num particular contexto multicultural, a fim de superar formas de assimilação ou homologação que, a longo prazo, voltam a emergir – no itinerário formativo e para além dele – desencadeando problemáticas que incidem de forma negativa sobre o sentido de pertença ao Instituto e sobre a perseverança na vocação para a *sequela Christi*.

Rumo a uma relacionalidade evangélica

Reciprocidade e processos multiculturais

38. Refletir sobre a vida consagrada feminina significa interrogar-se concretamente tanto sobre as instituições como sobre as mulheres consagradas, singular e comunitariamente, tendo em conta a complexidade do nosso tempo. Devemos tomar consciência de que, nos últimos anos, de modo particular através da *Mulieris dignitatem* (1988), o Magistério solicitou e acompanhou uma visão respeitosa dos processos culturais e eclesiais sobre a identidade feminina que incide, de modo evidente (ou por vezes latente), sobre a vivência dos Institutos.

---

[64] Ibidem.

As diversidades culturais obrigam, de modo particular, ao duplo caminho de enraizamento no próprio ser cultural específico e na capacidade de transcender os seus limites num espírito evangélico cada vez mais amplo. Com a profissão religiosa, o consagrado opta por viver uma mediação entre o seu registro cultural específico e a sua aspiração a uma vida evangélica, que amplia, necessariamente, os seus horizontes e aprofunda a sua sensibilidade. Torna-se urgente explorar esta função de mediação sem que ela seja submetida aos particularismos da diversidade cultural.

Nessa perspectiva, torna-se evidente a necessidade de uma reconsideração da teologia da vida consagrada nos seus elementos constitutivos, acolhendo as instâncias emergentes do mundo feminino e estabelecendo a sua ligação com o mundo masculino. A tônica sobre o específico não deve eliminar a pertença à humanidade comum. Torna-se oportuno, portanto, recuperar abordagens interdisciplinares, não só no âmbito teológico, mas também no âmbito das ciências humanas nas suas múltiplas articulações.

39. De modo particular, requer uma urgente e focada atenção a recente e apressada internacionalização, em particular dos Institutos femininos, com soluções muitas vezes improvisadas e sem uma prudente graduação. Devemos tomar consciência de que a dilatação geográfica não foi acompanhada por uma adequada revisão de estilos e estruturas, esquemas mentais e conhecimentos culturais que permitam uma verdadeira inculturação e integração. Em particular, essa falta de renovação diz respeito à valorização do modo de as mulheres se sentirem mulheres na

Igreja e na sociedade, como referido também no Magistério pontifício. A escassa consciencialização ou, pior ainda, a remoção da questão feminina produzem efeitos negativos, com grave dano para as novas gerações de mulheres. Muitas mulheres, com efeito, confiando que o Instituto as introduzirá e formará na *sequela Christi*, acabam por ser obrigadas a assumir modelos de comportamento que se tornaram obsoletos, sobretudo no que diz respeito a papéis que conhecem mais a "servidão" que o serviço segundo a liberdade evangélica.

40. Os processos de internacionalização deveriam empenhar todos os Institutos (masculinos e femininos) a tornarem-se laboratórios de hospitalidade solidária, onde sensibilidades e culturas diversas possam adquirir força e significados não conhecidos noutros lugares, e, portanto, altamente proféticos. Essa hospitalidade solidária constrói-se mediante um verdadeiro diálogo entre as culturas, para que todos se possam converter ao Evangelho sem renunciar à sua própria particularidade. O objetivo da vida consagrada não será manter-se como estado permanente nas culturas diversas que encontrará, mas manter uma permanente conversão evangélica no coração da construção progressiva de uma realidade humana intercultural.

Por vezes, uma débil e não aculturada visão antropológico-espiritual da identidade feminina corre o risco de extinguir ou ferir a vitalidade das *sodales*[65] presentes nos Institutos de Vida Consagrada. Há ainda muito trabalho

---

[65] Companheiras, camaradas, amigas [N.T.].

a fazer para encorajar modelos comunitários adequados à identidade feminina das consagradas. A esse propósito, devem ser reforçadas as estruturas relacionais de confronto e de fraternidade entre superioras e irmãs. Nenhuma irmã deve ser relegada a um estado de sujeição, o que infelizmente se verifica com frequência. Esse estado favorece perigosos infantilismos, podendo impedir a maturação global da pessoa.

Garanta-se que o fosso existente entre as consagradas que servem exercendo a autoridade (nos vários níveis), ou que têm o encargo da administração dos bens (nos vários níveis), e as irmãs que delas dependem não se torne fonte de sofrimento devido à disparidade e ao autoritarismo. Isso sucede quando as primeiras desenvolvem maturidade e projetualidade, enquanto as outras são depauperadas, inclusive das formas mais elementares de decisão e de desenvolvimento dos recursos pessoais e comunitários.

Serviço da autoridade

41. Na visão mais alargada sobre a vida consagrada, elaborada desde o Concílio, passou-se da centralidade do papel da autoridade à centralidade da dinâmica da fraternidade. Por isso a autoridade não pode deixar de estar a serviço da comunhão: um verdadeiro ministério para acompanhar os irmãos e as irmãs até uma fidelidade consciente e responsável.

Com efeito, o confronto entre irmãos ou irmãs e a escuta das pessoas individuais tornam-se lugar imprescindível de um serviço da autoridade que seja evangélico. O recurso a técnicas de administração ou à aplicação espiritualizante e paternalista de modalidades consideradas expressão da "vontade de Deus" é redutivo no que diz respeito a um ministério, chamado a confrontar-se com as expectativas alheias, com a realidade cotidiana e com os valores vividos e partilhados em comunidade.

Serviço da autoridade: modelos relacionais

42. Na relação superior-súdito, o desafio consiste numa partilha responsável de um projeto comum, superando a mera execução de obediências que não servem o Evangelho, mas apenas a necessidade de manter a situação em curso ou de responder às urgências de gestão sobretudo econômica.

Segundo essa visão, pode-se avaliar a instância que muitas vezes este dicastério recebe por ocasião da aprovação de Constituições (nova redação e/ou emendas), a fim de que se proceda a uma reformulação da terminologia jurídica vigente em relação aos termos superior e súdito. Foi isso que o Decreto conciliar *Perfectae caritatis* convidou explicitamente a fazer, ao dizer: "A maneira de viver, de rezar e de agir deve adaptar-se, de forma conveniente, às atuais condições físicas e psíquicas dos membros, bem como, segundo os requisitos associados à índole de cada Instituto, às necessidades do apostolado, às exigências culturais e às circunstâncias sociais e econômicas".[66]

---

[66] CONCÍLIO ECUMÊNICO VATICANO II, Decreto *Perfectae caritatis*, n. 3.

43. Deve, portanto, ser incentivado um serviço de autoridade que apele à colaboração e a uma visão comum sobre o estilo da fraternidade. O dicastério, em sintonia com o caminho conciliar, emanou, a seu tempo, a Instrução *O serviço da autoridade e a obediência. Faciem tuam, Domine, requiram*, reconhecendo que "este tema requer um particular empenho de reflexão, sobretudo devido às mudanças que se têm verificado no interior dos Institutos e das comunidades nos últimos anos, e também à luz de tudo o que foi proposto pelos mais recentes documentos do Magistério sobre a renovação da vida consagrada".[67]

Com efeito, passados mais de cinquenta anos do encerramento do Concílio, não pode deixar de nos preocupar a permanência de estilos e práxis de governo que se afastam do espírito de serviço, a ponto de degenerar em formas de autoritarismo.

44. Em certos casos, a legítima prerrogativa de uma autoridade pessoal dos superiores e das superioras[68] é confundida com autoridade privada, até o extremo de um mal-entendido protagonismo, como adverte o Papa Francisco: "Pensemos no dano que infligem ao povo de Deus os homens e as mulheres de Igreja que são carreiristas e açambarcadores, que usam o povo, a Igreja, os irmãos e as irmãs – aqueles que deveriam servir – como trampolim para os seus próprios interesses e ambições pessoais. Esses,

---

[67] CIVCSVA, *O serviço da autoridade e a obediência*, n. 3.
[68] Cf. CDC, cân. 618.

porém, fazem muito mal à Igreja".[69] E não só, mas quem desempenha o serviço da autoridade deve guardar-se "de ceder à tentação da autossuficiência pessoal, ou seja, de pensar que tudo depende de si".[70]

45. Uma autoridade autorreferencial subtrai-se à lógica evangélica de uma responsabilidade entre os irmãos e as irmãs, minando neles as certezas da fé que os devem guiar.[71] Abre-se assim um círculo vicioso que compromete a visão de fé, pressuposto inequívoco do reconhecimento do papel dos superiores. Tal reconhecimento não se limita a tomar consciência da personalidade do ou da titular detentor(a) da autoridade, ultrapassando-a grandemente. O importante é confiar e abandonar-se reciprocamente, com verdade.

Inclusive em situações de conflito e de contencioso, o recurso a formas de autoritarismo desencadeia uma espiral de incompreensões e dilacerações que, ultrapassando largamente os casos concretos, alimenta, no Instituto, desorientação e desconfiança, ou seja, pesadas hipotecas sobre o futuro próximo do Instituto. Quem é chamado a um serviço da autoridade – em qualquer situação – não pode faltar ao sentido de responsabilidade que implica, antes de mais, um sentido equilibrado das próprias responsabilidades em relação aos irmãos e às irmãs. "Tudo isso se torna possível pela confiança na responsabilidade dos irmãos,

---

[69] FRANCISCO, Discurso aos participantes na Assembleia Plenária da União Internacional das Superioras-Gerais (Roma, 8 de maio de 2013), n. 2.
[70] CIVCSVA, *O serviço da autoridade e a obediência*, n. 25b.
[71] Cf. PAULO VI, Exortação Apostólica *Evangelica testificatio* (29 de junho de 1971), n. 25.

"suscitando a sua obediência voluntária, no respeito pela pessoa humana", e através do diálogo, tendo presente que a adesão deve ocorrer "em espírito de fé e de amor, para seguir Cristo obediente", e não por outras motivações".[72]

46. "Os superiores, constituídos para um período definido, não permaneçam por longo tempo sem interrupção em cargos de governo."[73] A norma canônica ainda está em fase de recepção, havendo variáveis, inclusive notórias, na práxis dos Institutos. As motivações habitualmente invocadas para prorrogar o mandato – para lá dos prazos previstos pelo Direito próprio – correspondem a situações de emergência ou de carência de recursos, com referência específica às comunidades locais. A influência das tradições próprias de um Instituto tem contribuído para estabilizar uma certa mentalidade que, na verdade, impede a rotação. Acaba-se assim por transformar um papel de serviço numa posição vantajosa. Nessa perspectiva, as normas determinadas no Direito próprio, se forem inadequadas, devem ser revistas; se forem claramente expressas, devem ser respeitadas.

Uma avaliação atenta do abrandamento da rotação dos(as) superiores(as) parece dever-se mais à preocupação de garantir continuidade de gestão das obras, e menos cuidado com os requisitos de animação religioso-apostólica das comunidades. Além disso, num quadro de avaliação das comunidades, a presença de irmãos e irmãs das novas gerações cria condições para uma substituição de gerações.

---

[72] CIVCSVA, *O serviço da autoridade e a obediência*, n. 14b.
[73] CDC, cân. 624, § 2.

O protelamento da rotação poderá ser entendido como desconfiança nas suas capacidades e possibilidades, a ponto de criar um vazio que corre o risco de vir a revelar-se, mais tarde, intransponível.

47. Todos nós devemos recordar aquilo que disse, a esse propósito, o Papa Francisco: "Na vida consagrada, vive-se o encontro entre os jovens e os idosos, entre observância e profecia. Não as vejamos como duas realidades contrapostas! Faz bem aos idosos comunicar a sua sabedoria aos jovens; e faz bem aos jovens recolher esse patrimônio de experiência e de sabedoria, e levá-lo adiante, não para o guardar num museu, mas para levá-lo adiante enfrentando os desafios que a vida nos apresenta, levá-lo adiante para bem das respectivas famílias religiosas e de toda a Igreja".[74]

Serviço da autoridade: capítulos e conselhos

48. Neste trabalho contínuo de discernimento e de renovação, revestem-se de particular importância "os capítulos (ou reuniões análogas), tanto particulares como gerais. Nos capítulos, cada Instituto é chamado a eleger os superiores ou as superioras segundo as normas estabelecidas pelas próprias Constituições, e a discernir, à luz do Espírito, as modalidades adequadas para guardar e tornar atual, nas diversas situações históricas e culturais, o próprio carisma e o próprio patrimônio espiritual".[75] Além

---

[74] FRANCISCO, Homilia na festa da Apresentação do Senhor, por ocasião da XVIII Jornada Mundial da Vida Consagrada (2 de fevereiro de 2014).
[75] JOÃO PAULO II, Exortação Apostólica *Vida consagrada*, n. 42.

disso, o Capítulo "deve ser formado de modo a representar todo o Instituto, para se tornar verdadeiro sinal da sua unidade na caridade".[76]

A reflexão sobre a representação capitular brota do seu horizonte mais autêntico: a unidade na caridade. As regras e os procedimentos para eleger as irmãs e os irmãos nos Capítulos – de modo particular em nível geral – não podem ignorar a transformação do estatuto cultural e de gerações que hoje compõe o rosto de muitos Institutos de Vida Consagrada e Sociedades de Vida Apostólica. A dimensão multicultural deve ser expressa de modo justo e equilibrado na composição dos Capítulos.

49. O problema torna-se evidente quando regras e procedimentos se revelam inadequados ou obsoletos, produzindo resultados de desequilíbrio representativo, com o risco de expor a composição capitular a hegemonias culturais impróprias ou a restritos quadros de gerações. Para evitar tais distorções, é necessário proceder à representação progressiva de irmãs-irmãos pertencentes a áreas culturais diferentes. O importante é transmitir confiança a quantos, considerados demasiado jovens nos nossos ambientes, noutros ambientes – civis e culturais – teriam os requisitos necessários para deter responsabilidades importantes, inclusive pelas suas capacidades. Os procedimentos deveriam tornar-se mais flexíveis, garantindo uma representação mais lata e abrangente, orientada para a construção de um futuro desejável e vivível.

---

[76] CDC, cân. 631, § 1.

Não estão apenas em jogo a correção dos procedimentos e a inteligente docilidade às escolhas de método, mas trata-se de "fazer o máximo de luz possível sobre a vontade de Cristo para o caminho da comunidade" – escreve a *Regra de Taizé* –, num espírito de busca, purificado apenas pelo desejo de discernir o desígnio de Deus.

50. A vontade aberta ao Espírito de cada capitular deve acompanhar cada decisão no seio da assembleia; ela não desdenha do intercâmbio de contributos e de pontos de vista que, embora diversos, concorrem para a busca da verdade. Desse modo, a tensão orientada para a unanimidade e a possibilidade de alcançá-la não constituem metas utópicas, exprimindo, pelo contrário, o fruto mais claro da escuta e da disponibilidade comum para acolher o Espírito.

Não seria prudente relegar o discernimento para os horizontes particulares dos capitulares, quase como se o Capítulo fosse um empreendimento de solitários. Trata-se de "entrar em contato com a passagem do Espírito", e isso significa "escutar aquilo que Deus nos está dizendo no âmbito das nossas situações" como Instituto. O discernimento "não se detém na descrição das situações, das problemáticas [...] vai sempre mais longe, conseguindo ver atrás de cada rosto, de cada história, de cada situação, uma oportunidade, uma possibilidade".[77] O Capítulo Geral, é bom não o esquecer, é o lugar da obediência pessoal e comunitária ao Espírito Santo; essa doce escuta invoca-se dobrando

---

[77] FRANCISCO, Discurso por ocasião do Convênio eclesial da Diocese de Roma (16 de junho de 2016).

a inteligência, o coração e os joelhos na oração. Nessa conversão, cada capitular, no momento da decisão, atua em consciência e ajuíza, à luz recebida do Espírito Santo, sobre qual será o bem do Instituto na Igreja. Tal atitude de obediência orante constitui o elo constante ao longo da história dos Capítulos Gerais, que, não sem razão, tinham início no dia de Pentecostes.

51. O evento capitular implica, além disso, a eleição do superior e da superiora-geral. Nos últimos anos tem-se constatado certa tendência para o recurso à postulação. O Instituto é regulado pelos cânones nn. 180-183 do *Código de Direito Canônico*. Opta-se pela postulação naqueles casos em que se interpõe qualquer impedimento à eleição canônica da mesma pessoa ou nos casos de derrogação de requisitos pessoais inerentes ao cargo, determinados no Direito universal ou próprio, como, por exemplo: a idade, os anos de profissão,[78] ou de relativa incompatibilidade de função.[79] O caso mais frequente é o impedimento de uma nova eleição (ou confirmação) do superior-geral ou da superiora-geral após o cumprimento do prazo dos mandatos previstos pelas Constituições. A situação referida apresenta conotações de complexidade de contextos (Institutos), situações pessoais (os candidatos já em funções) e, não menos importantes, as contingências que orientam para o pedido de postulação ao dicastério competente. São especificadas algumas indicações.

---

[78] Cf. CDC, cân. 623.
[79] Cf. CDC, cân. 152.

Não é melhor premissa para um discernimento eletivo considerar a postulação um dado adquirido, quase como se fossem excluídas *a priori* as alternativas possíveis. A maioria exigida é de "pelo menos dois terços dos votos".[80] Essa disposição canônica pretende incentivar o empenho em discernir previamente a oportunidade de recorrer à postulação. A corresponsabilidade exercida de modo colegial implica também a responsabilidade por explorar soluções alternativas. A práxis de alguns Institutos introduziu a modalidade de consultas preliminares informais. A orientação sugerida deveria evitar a formação de maiorias pré-constituídas. Pelo contrário, a passagem para uma postulação dada como certa é breve.

52. Os Capítulos Gerais elegem habitualmente, além do moderador supremo,[81] o Conselho, que é um órgão de colaboração com o governo do Instituto. A cada conselheiro é "pedida uma participação convicta e pessoal na vida e na missão",[82] "participação que consente no exercício do diálogo e do discernimento",[83] em espírito de sinceridade[84] e de lealdade, "de modo a ter constantemente a presença do Senhor, que ilumina e guia".[85]

Os inevitáveis inconvenientes e incompreensões, se não forem enfrentados a tempo, podem comprometer a

---

[80] Cf. CDC, cân. 181, § 1.
[81] Cf. CDC, cân. 625, § 1.
[82] CIVCSVA, *Repartir de Cristo*, n. 14.
[83] Ibidem.
[84] Cf. CDC, cân. 127, § 3.
[85] CIVCSVA, *Partir de Cristo*, n. 14.

vontade de entendimento e a capacidade de convergência no interior do Conselho. Um organismo de colaboração com o governo no cuidado do próprio funcionamento, não transcurando aqueles meios de acompanhamento (espirituais, profissionais e de formação específica) que fornecem as premissas de um discernimento de longo alcance. Como efeito, o Conselho não deve ocupar-se, em primeiro lugar, da própria imagem, mas, sobretudo, preocupar-se com a própria credibilidade enquanto órgão de colaboração no governo do Instituto.

53. A nova geografia da presença da vida consagrada na Igreja tem vindo a redesenhar novos equilíbrios culturais na vida e no governo dos Institutos.[86] A composição internacional do Capítulo também exprime, habitualmente, uma configuração multicultural do Conselho. A experiência de muitos Institutos de Vida Consagrada e Sociedades de Vida Apostólica já amadureceu uma longa tradição nesse sentido. Institutos mais recentes estão em fase de aprendizagem para chegarem a "exprimir, na unidade católica, as circunstâncias dos diversos povos e culturas".[87] Trata-se de um caminho exigente, que "requer purificação e maturação".[88]

Os recentes processos de internacionalização são laboratórios abertos a um futuro que não se improvisa, no que diz respeito à formação para cargos de responsabilidade e, de modo particular, para assumir o cargo

---

[86] Cf. ibidem, n. 17.
[87] JOÃO PAULO II, Exortação Apostólica *Vida consagrada*, n. 47.
[88] FRANCISCO, Exortação Apostólica *Evangelii gaudium*, n. 69.

de conselheiro. A substituição geracional e cultural não deveria ceder a situações que possam comprometer as dinâmicas internas do discernimento conciliar e as que reflitam o bom governo do Instituto.

Vejamos alguns exemplos de situações problemáticas: sujeitos idôneos, mas ainda não suficientemente preparados ou prematuramente candidatos; religiosos mais cooptados por lógicas de repartição cultural do que pela valorização da experiência e/ou competência pessoal; e não menos importantes, escolhas forçadas na ausência de alternativas.

54. A inserção de irmãos e irmãs de outras culturas e gerações não altera certamente o tradicional papel conciliar, mas influencia a percepção do papel e a modalidade da sua interação dentro e fora do Conselho. O contributo de outros pontos de vista (análise/avaliação dos problemas) alarga o horizonte de compreensão das realidades do Instituto: mais das periferias do que do centro. Culturas e reposição de gerações – conjugação por si só complexa – deveriam favorecer um novo impulso no confronto com um futuro sustentável no Instituto.

A iniciação a um cargo de responsabilidade inscreve-se na experiência. Se a experiência for um processo cotidiano de aprendizagem, a aprendizagem deve ser sustentada por uma formação específica. Caso contrário, a experiência não é plenamente valorizada em vista da eficácia do próprio cargo e da sua integração nas dinâmicas conciliares. Trata-se, neste caso, de redescobrir ou de repensar orientações amadurecidas ao longo da tradição de governo dos Institutos de Vida Consagrada e Sociedades de Vida Apostólica, que, investindo no presente, preparava o futuro, não sem a necessária verificação ao longo do tempo. O futuro próximo não pode restringir o horizonte: os novos profissionalismos (saberes e competências) podem contribuir para alargar os nossos horizontes, mas sobretudo para não permanecer à margem do futuro, prisioneiros de vistas curtas que, a longo prazo, imobilizam o caminho de conjunto.

CONCLUSÃO

55. Na vinha do Senhor, os consagrados e as consagradas trabalharam com generoso empenho e audácia, nestas décadas de *aggiornamento* conciliar. Agora é tempo de vindima e de *vinho novo*, que se deve espremer, com alegria, das uvas e recolher, com diligência, nos odres adequados, para que a efervescência típica dos tempos de maturação não sedimente, dando lugar a uma nova estabilidade. *Vinho novo* e *odres novos* estão juntos, à nossa disposição, foram realizados com a nossa colaboração, segundo os carismas e as circunstâncias eclesiais e sociais, sob a condução do Espírito e dos responsáveis da Igreja. Chegou o tempo de guardar a novidade com criatividade, para que conserve o sabor genuíno da bendita fecundidade de Deus.

O *vinho novo* requer capacidade para ultrapassar os modelos herdados, para apreciar as novidades suscitadas pelo Espírito, acolhê-las com gratidão e guardá-las até a plena fermentação, superando o que é provisório. A *veste nova* a que Jesus se refere na mesma página do Evangelho foi confeccionada ao longo das várias fases de *aggiornamento*, e chegou a hora de envergá-la com alegria, no meio do povo dos crentes.

56. *Vinho novo*, *odres novos* e *veste nova* indicam uma etapa de maturidade e de integridade, que não pode ser comprometida com imprudentes abordagens ou compromissos táticos: *velho* e *novo* não devem ser misturados, porque cada um pertence a uma época própria, é fruto de tempos e de artes diferentes, e deve ser conservado na sua genuinidade própria.

Que o dono da vinha, que tornou fecunda a obra das nossas mãos e que nos guiou nos caminhos do *aggiornamento*, nos conceda saber guardar, com meios adequados e paciente vigilância, a novidade que nos foi confiada, sem medo e com renovado impulso evangélico.

57. Santa Maria, *Mulher do vinho novo*, guarda em nós o desejo de proceder em obediência à novidade do Espírito, reconhecendo o sinal da sua presença no *vinho novo*, fruto de vindimas e de novas estações.

Torna-nos dóceis à sua graça e atuantes na preparação de *odres* que possam conter, e não derramar, a efervescência do suco da videira. Firma os nossos passos no mistério da cruz que o Espírito pede para cada nova criação.

Ensina-nos a fazer aquilo que Cristo, teu Filho, nos disser (cf. Jo 2,5), para nos sentarmos em cada dia à sua mesa: é ele o *vinho novo* mediante o qual damos graças, recebemos e damos a bênção.

Alimenta em nós a esperança, na espera do dia em que beberemos o fruto novo da videira, com Cristo, no Reino do Pai (cf. Mt 26,29).

O Santo Padre aprovou a publicação das presentes Orientações *na audiência de 3 de janeiro de 2017.*

Cidade do Vaticano, 6 de janeiro de 2017.

Epifania do Senhor
João Braz Card. de Aviz
Prefeito

José Rodríguez Carballo, ofm
Arcebispo secretário

Impresso na gráfica da
Pia Sociedade Filhas de São Paulo
Via Raposo Tavares, km 19,145
05577-300 - São Paulo, SP - Brasil - 2018